I0071315

...MENT TERRITORIAL D'INFANTERIE

RÉUNION DES OFFICIERS

DU DROIT DES GENS
EN TEMPS DE GUERRE

PAR

Le Capitaine ANDRÈS

PARIS | LIMOGES
11, Place Saint-André-des-Arts | 46, Nouvelle Route d'Aixe, 46.

HENRI CHARLES-LAVAUZELLE

Éditeur militaire

1895

DU DROIT DES GENS

EN TEMPS DE GUERRE

19ᵉ RÉGIMENT TERRITORIAL D'INFANTERIE

RÉUNION DES OFFICIERS

DU DROIT DES GENS

EN TEMPS DE GUERRE

PAR

Le Capitaine ANDRÈS

PARIS | LIMOGES

11, Place St-André-des-Arts. | 46, Nouvelle Route d'Aixe, 46.

Henri CHARLES-LAVAUZELLE

Éditeur militaire

1895

DU DROIT DES GENS

EN TEMPS DE GUERRE

Le droit des gens, droit des nations ou droit international, s'entend du système des lois, traités, règlements ou coutumes qui régissent les peuples entre eux.

Les rapports entre les Etats sont de diverses natures, à chacune desquelles correspond une sorte de législation spéciale.

La paix, la guerre donnent naissance au droit des gens en temps de paix et au droit des gens en temps de guerre; enfin, lorsqu'il y a guerre, à côté des pays qui se combattent, il y a des peuples qui restent étrangers à la lutte; de là, des règles pour le droit des neutres.

Nous ne nous occuperons aujourd'hui que du droit des gens en temps de guerre.

***

La guerre est la lutte que soutient une nation pour défendre, par la force des armes, des droits menacés par une autre nation, qu'il s'agisse de son honneur, de l'intégrité de ses frontières ou de la revendication d'une chose quelconque qui lui est justement due.

« La vie des Etats est comme celle des hommes, a dit Montesquieu : ceux-ci ont le droit de tuer dans le cas de défense naturelle ; ceux-là ont le droit de faire la guerre pour leur propre conservation. Entre les sociétés, le droit de la défense naturelle entraîne quelquefois la nécessité d'attaquer lorsqu'un peuple voit qu'une plus longue paix en mettrait un autre en état de le détruire, et que l'attaque est, dans ce moment, le seul moyen d'empêcher cette destruction. »

La guerre procède donc de la contradiction des intérêts respectifs des Etats ; elle éclate lorsque, les règles du droit des gens en temps de paix étant méconnues, mal interprétées ou insuffisantes pour trancher les conflits qui s'élèvent entre deux nations, les peuples n'ont plus d'autre moyen que de recourir à la lutte armée, pour savoir lequel d'entre eux, étant le plus fort, pourra, en raison de sa force, imposer sa volonté à l'autre. Et ce droit de recourir à la force est aussi indispensable aux nations pour leur police extérieure que le droit de justice est indispensable pour la sécurité intérieure d'un Etat.

Loin de nous la pensée de défendre cette maxime célèbre : « La force prime le droit. » Mais on ne peut nier que la force, qui devrait être toujours la résultante du droit, en est l'appui, le soutien, la consécration ; dans l'origine des sociétés, c'est elle qui l'a créé, et, sans elle, il ne serait encore qu'une chimère.

Le droit manque de son effet extérieur s'il n'a pas la force pour l'assister ; cette force, quand il s'agit de la guerre entre nations civilisées, n'est d'ailleurs pas purement matérielle.

Elle représente les énergies intellectuelles et morales, la puissance productive des pays qui prennent part à la lutte; elle montre leurs qualités civiles comme leur indus rie, leur génie organisateur comme leurs vertus patriotiques; la guerre est devenue une science soumise à des règles fixes dont on ne saurait plus s'écarter, et progressant du progrès de toutes les autres sciences.

Du passage de l'état de paix à l'état de guerre, et de ses effets divers et immédiats à l'égard des populations.

Le droit des gens a posé le principe que l'ouverture des hostilités doit être précédée d'une déclaration de guerre, qui forme la transition entre le droit des gens en temps de paix et le droit des gens en temps de guerre.

La déclaration de guerre apportant par elle-même un changement absolu dans les rapports réciproques des Etats entre eux, il est indispensable qu'elle soit rendue publique et portée à la connaissance des citoyens de ces Etats; et ce n'est qu'en vertu de cette publication de la guerre que les citoyens se trouvent réellement constitués dans le devoir et dans le droit de contribuer de leurs personnes et de leurs biens à des actes auxquels ils n'étaient pas tenus auparavant.

Il est de règle également que la déclaration de guerre soit portée, avant l'ouverture des hostilités, à la connaissance des Etats qui ne peuvent pas prendre part à la lutte, c'est-à-dire des neutres ; elle crée alors pour eux, vis-à-vis des Etats qui doivent se combattre, une situation nouvelle comportant des règles spéciales, notamment en ce qui concerne l'interdiction de fournir à l'un des partis la contrebande de guerre.

Aujourd'hui, il n'y a point, pour la déclaration de guerre, de forme généralement adoptée, ni de délai fixé pour l'ouverture des hostilités.

Ce qui importe, c'est qu'avant d'en venir aux armes, l'intention de faire la guerre soit signifiée d'une manière nette et explicite.

Le rappel des agents diplomatiques respectifs indique que les relations pacifiques entre les Etats sont altérées ; mais il ne peut être considéré comme une déclaration de guerre que s'il est accompagné d'actes diplomatiques qui lui donnent cette signification. L'ultimatum est le dernier mot que prononcent les Etats dans une négociation ; il est conçu en termes aussi nets et péremptoires que possible, se termine par une demande de réponse catégorique, et indique en général le délai dans lequel cette réponse devra être faite, en ajoutant qu'une réponse dilatoire ou l'absence de réponse sera considérée comme une preuve que l'Etat auquel l'ultimatum est adressé veut la guerre. Dans ce cas, l'ultimatum est une proposition de guerre qui devient, d'après l'accueil qu'il reçoit, une véritable déclaration de guerre.

En cas de guerre défensive, celui qui se défend n'est pas tenu de déclarer formellement la guerre. Le fait de se défendre les armes à la main contre un ennemi armé rend cette formalité inutile.

Il est bien entendu, d'ailleurs, qu'une guerre défensive peut devenir offensive, sans qu'il soit besoin de nouvelle déclaration. Dès qu'une action de guerre est engagée, il n'y a plus d'autres règles à suivre que celles que commandent d'observer la tactique et le salut de la troupe.

Lorsque la guerre vient d'être déclarée entre deux nations, il arrive presque toujours qu'un certain nombre de nationaux ennemis se trouvent sur le territoire de chaque partie belligérante. Quelle sera alors la situation de ces étrangers ?

Le droit des gens admet, en principe, qu'un délai peut leur être accordé, pendant lequel ils sont libres ; passé ce délai, ils peuvent être expulsés ou retenus, par la force, pour n'avoir pas quitté le pays à temps.

Chaque pays reste, d'ailleurs, libre de modifier, suivant les circonstances ou les individus, les résolutions qu'il avait cru devoir prendre, au début de la guerre, contre les étrangers résidant sur son territoire.

C'est ainsi qu'au moment de la déclaration de guerre entre la France et l'Allemagne, en 1870, un décret, inséré au *Journal officiel* du 21 juillet, autorisa les sujets allemands se trouvant actuellement en France ou dans ses colonies à y séjourner tant que leur attitude ne fournirait aucun motif de plainte.

Ce décret fut, du reste, rapporté, beaucoup de gens parmi les Allemands autorisés à séjourner en France en ayant profité pour faire parvenir à l'armée envahissante des renseignements sur nos forces et leur dispositif, tandis que, d'un autre côté, nos nationaux étaient brutalement expulsés d'Allemagne.

Les biens possédés par les nationaux ennemis doivent être respectés ; cette règle est admise aujourd'hui, et même la plupart des traités de commerce consentis entre nations contiennent une clause écrite, stipulant exactement quelle sera la situation de ces biens en temps de guerre.

Dans l'antiquité, tout étranger était regardé comme ennemi ; aujourd'hui, le droit des gens établit, même après la rupture des relations du temps de paix, une distinction complète entre l'État armé et la population civile, la guerre ayant lieu entre les États et non entre les simples citoyens.

Puisqu'il est admis que la guerre n'est dirigée que contre les forces de l'ennemi et non contre les sujets non armés, il faut que les États soient en mesure de se défendre contre ceux qui font acte de guerre. De là est venue la distinction entre les combattants et les non-combattants.

Les combattants se composent de tous les hommes qui constituent les forces militaires de l'ennemi ; quand ils cessent de résister, ils sont faits prisonniers. Les non-combattants sont ceux qui ne font pas partie de ces forces ; quand ils sont pris les armes à la main, l'État qui les capture les traite d'après les nécessités que lui impose le soin de sa défense. La distinction des combattants et des non-combattants est donc très importante.

On doit, en principe, considérer comme belligérant, c'est-à-dire comme combattant régulier, tout individu qui combat pour son pays en se conformant aux lois de la guerre.

Cette qualité est donc acquise : à l'armée régulière ; aux corps de volontaires reconnus par leur gouvernement, commandés par un chef responsable, portant les armes ouvertement, ayant un uniforme ou un signe distinctif à distance et observant également toutes les lois de la guerre ; enfin à la population d'un territoire non occupé par l'ennemi, qui, à l'approche des troupes d'invasion, prend spontanément les armes sans avoir le temps de s'organiser. Ces derniers doivent d'ailleurs, pour être traités en soldats par l'ennemi, satisfaire aux conditions suivantes :

1º Ordre émanant de l'autorité légale ou tout au moins d'un groupe considérable de citoyens constitué de fait en vue d'organiser la défense nationale ;

2º Insignes militaires d'uniformes inséparables de la tenue et reconnaissables à distance.

Ceci, sauf le cas d'une levée en masse dans lequel les citoyens qui auront pris les armes devront, même s'ils n'ont pas d'uniformes, être traités en prisonniers de guerre lorsqu'il résultera des circonstances que l'absence d'uniforme n'est pas un moyen dont ils se servent pour faire une guerre déloyale.

Le tout, pourvu qu'il s'agisse d'actes passés dans les parties non encore envahies du territoire ou conquises sur le territoire ennemi.

Il ne faudrait toutefois pas conclure de ce qui précède que l'ennemi ait le droit de passer immédiatement par les armes, sans autre forme de procès, un individu faisant acte de guerre et qui ne semblerait pas rentrer dans la catégorie des belligérants.

Le droit des gens proscrit absolument les exécutions sommaires.

Un ennemi. quel qu'il soit, peut être frappé et tué tant qu'il combat ; dès qu'il est pris ou désarmé, sa vie devient provisoirement inviolable, et, si le caractère de belligérant peut lui être contesté, il doit être renvoyé devant la juridiction constituée pour connaitre de la question et décider régulièrement du traitement qu'il mérite.

Des relations hostiles des belligérants entre eux.

La guerre, chez les nations civilisées, ne peut avoir pour but le carnage : c'est la nécessité, dérivant de l'impossibilité d'obtenir autrement justice, qui fonde le droit de la guerre. Aussi n'admet-on plus les violences extrêmes ou excessives que ne rend pas nécessaires le but poursuivi. qui est seulement d'affaiblir la nation ennemie en mettant hors de combat ses défenseurs pour la contraindre à donner satisfaction ; à plus forte raison réprouve-t-on celles qui seraient commises contre des non-combattants par des motifs ou dans des vues ne rentraut nullement dans la condition limitée de nécessité absolue.

Les principes du droit des gens moderne ont été consacrés par la convention des 29 novembre et 11 décembre 1868, conclue à Saint-Pétersbourg entre diverses nations au nombre desquelles figurent la France, l'Autriche, la Belgique, la Russie, etc., et qui porte, comme principale disposition, que les parties contractantes s'engagent à renoncer mutuellement, en cas de guerre entre elles, à l'emploi, par leurs troupes de terre ou de mer, de tout projectile inférieur à 400 grammes qui serait explosible ou chargé de matières fulminantes ou inflammables.

Le droit international proscrivant l'emploi des armes ou des matières propres à causer des souffrances inutiles, les belligérants doivent donc s'abstenir d'user, comme projectiles, de verre pilé, de balles mâchées, de grenaille métallique, et, en général, de tout engin qui, sans exercer une influence directe sur l'issue de la lutte, a seulement pour effet de produire des blessures dangereuses.

Il est également interdit d'empoisonner les sources, les fontaines ; de propager intentonnellement des maladies contagieuses, de frapper, de blesser, tuer ou insulter un ennemi qui se rend, de ravager le pays.

Les lois de la guerre admettent la ruse, mais condamnent la perfidie.

Il est déloyal d'user illégalement du drapeau parlementaire ou d'abriter sous la croix de Genève des troupes, des voitures ou des bâtiments auxquels les conventions internationales ne donnent pas le droit de l'arborer ; il est contre l'honneur de feindre de se rendre pour frapper plus facilement son adversaire.

Celui qui fait usage du drapeau national de l'ennemi, ou s'affuble de son uniforme dans le but d'induire celui-ci en erreur, au milieu d'un combat, commet un acte de perfidie, qui fait

perdre à son auteur tout droit à la protection
des lois de la guerre.

Les places fortes sont un des plus solides
moyens de défense de l'ennemi; il importe donc
à l'envahisseur de les mettre hors d'état de lui
nuire, soit en les entourant de façon à ce que la
garnison ne puisse plus prêter son concours à
l'adversaire, soit en s'en emparant.

Tout ce qui est relatif à la mise en état de défense et à la défense des places fortes, ainsi
qu'aux droits et aux devoirs du commandant su-
périeur, ayant été traité de la façon la plus dé-
taillée dans la conférence faite le 2 avril dernier
par M. le capitaine Guernier, nous nous bornerons à rappeler que le commandant d'une place
de guerre ne doit jamais perdre de vue qu'il
défend l'un des boulevards de l'Etat, l'un des
points d'appui de ses armées, et que de la red-
dition d'une place, avancée ou retardée d'un
seul jour, peut dépendre le salut du pays. Il ne
doit pas oublier non plus que les lois militaires
condamnent à la peine de mort, avec dégradation
militaire, celui qui capitule sans avoir forcé
l'ennemi à passer par les travaux lents et suc-
cessifs des sièges et avant d'avoir eu à repous-
ser au moins un assaut au corps de place sur
les brèches praticables.

Le but de la guerre ne devant jamais être
l'extermination de l'ennemi, la mort est le dernier des moyens dont on puisse disposer pour le
mettre hors de combat: les efforts d'une armée
doivent donc, autant que possible, tendre à
faire des prisonniers.

Est considéré comme prisonnier de guerre, et
traité comme tel, le belligérant armé ou attaché

à l'armée adverse pour un service actif, qui est
tombé entre les mains de l'autre armée. soit en
combattant, soit en se rendant personnellement,
soit à la suite d'une capitulation active.

Les prisonniers appartenant à l'Etat, celui qui
a fait un prisonnier n'a aucun droit sur sa per-
sonne ni sur ses biens ; c'est au Gouvernement
seul qu'il appartient de décider de son sort. Ils
ne sont d'ailleurs détenus ni comme condamnés,
ni comme prévenus, mais dans le seul but de
diminuer les forces actives de l'adversaire et
doivent être relâchés aussitôt après la guerre.

Nous terminerons ce chapitre en rappelant
qu'en ce qui concerne les blessés, les Etats se
sont accordés pour régler la conduite qu'ils de-
vraient tenir à leur égard ; cet accord a été consacré par la convention signée à Genève, le
22 août 1864. entre diverses puissances euro-
péennes et à laquelle presque toutes les autres
ont adhéré depuis.

Le signe distinctif adopté pour les hôpitaux,
ambulances et évacuations (art. 7 de cette convention) est, ainsi que chacun le sait, un drapeau
portant une croix rouge sur fond blanc ; ce drapeau doit toujours être accompagné du drapeau
national.

Un brassard semblable. dont la délivrance est
laissée à l'autorité militaire, est également
adopté pour le personnel neutralisé.

Des relations entre les belligérants et la population civile.

Ce n'est pas seulement contre les forces armées des Etats que sont dirigées les opérations

do guerre ; c'est en même temps contre toutes les autres forces qui lui donnent sa vitalité et, par conséquent, ses moyens de défense. Il en résulte que son trésor, ses arsenaux, le matériel de ses chemins de fer, ses télégraphes, ses propriétés domaniales, sont à la discrétion du vainqueur, qui en use suivant l'utilité qu'il en peut retirer. En revanche, la guerre étant dirigée seulement contre les forces de l'Etat, l'ennemi ne possède aucun droit sur les propriétés privées.

L'occupation soumet la contrée envahie à l'autorité militaire de l'envahisseur ; le premier droit du vainqueur est, en effet, d'assurer la sécurité de son armée, et pour cela d'interrompre toutes relations entre les populations du pays envahi et le pouvoir dont elles relevaient. En même temps, son devoir est de maintenir l'ordre ou la vie sociale parmi ces populations.

Un territoire est considéré comme occupé, dit le *Manuel du droit international* à l'usage des officiers de l'armée de terre : 1° si le gouvernement légal est, par le fait de l'envahisseur, dans l'impossibilité d'y exercer publiquement son autorité ; 2° et si l'envahisseur se trouve en mesure d'y substituer l'exercice de sa propre autorité. L'occupation commence aussitôt que ces deux conditions de fait se trouvent remplies ; elle ne cesse que le jour où elles viennent à faire défaut à la fois.

Le plus souvent, du reste, l'envahisseur fait connaître aux populations, par des proclamations, quels sont les points où il considère l'occupation comme établie ; il est évident que ces prétentions ne suffisent pas pour constituer le droit d'occupation ; mais, si elles sont accompagnées des conditions exigées ci-dessus, les populations sont dans la dure nécessité de se soumettre aux obligations résultant du nouvel ordre de choses, et qui sont généralement mentionnées dans les proclamations du vainqueur.

L'occupant ne doit exiger des habitants du territoire envahi aucun acte contraire à leurs sentiments de patriotisme. Il serait contraire au droit international de forcer les ressortissants de l'Etat ennemi à entrer au service du vainqueur, de les employer à des travaux d'attaque et de défense.

Il ne peut non plus les contraindre à accompagner ses convois, afin de les protéger contre les attaques de leurs compatriotes, ni les forcer à lui fournir des renseignements d'aucune sorte ; il ne peut également exiger d'eux aucun serment d'obéissance.

Les États ont tout intérêt à observer ces conséquences de la guerre : toutefois, il est deux cas dans lesquels les nécessités de la guerre peuvent les obliger à s'en écarter. C'est d'abord lorsque les routes ont été défoncées, les ponts détruits, et que l'envahisseur, ne pouvant les rétablir par les moyens dont il dispose, force les habitants à accomplir ce travail sous forme de corvée. C'est, ensuite, lorsque l'envahisseur, ignorant les chemins qu'il doit suivre, exige d'un ou plusieurs habitants qu'ils lui servent de guide. Cette exigence est encore un abus plus rigoureux que le précédent, car il place l'homme requis d'être guide entre un danger personnel et un véritable acte de guerre envers sa patrie. Dans tous les cas, l'envahisseur qui a forcé le guide à faire acte

de guerre doit le traiter en combattant. Le guide
qui trompe un ennemi qu'il a été contraint d'accompagner ne peut être assimilé à l'habitant,
en apparence inoffensif, qui fait subrepticement
un acte de guerre. Le guide ne peut donc être
traité que comme le serait tout combattant en
pareille circonstance : l'ennemi qui juge qu'un
guide a fait acte d'hostilité ne peut que le faire
prisonnier de guerre.

Des réquisitions.

Les relations les plus fréquentes entre l'envahisseur et l'envahi sont celles auxquelles donnent lieu les réquisitions militaires.

Le droit que possède une armée de faire appel
aux habitants du pays qu'elle traverse pour
subvenir à ses besoins n'est pas de ceux qu'on
puisse discuter, car il a été et sera toujours un
droit de nécessité.

Malgré toute la sollicitude et tout le talent
que peuvent apporter le commandement et l'administration pour faire face à toutes les éven-
tualités, il arrivera forcément, en effet, que des
mouvements rapides et imprévus, conséquences
de certaines opérations militaires, placeront dans
maintes circonstances une troupe loin de ses
moyens d'approvisionnement. Il importe donc
que, dans ces circonstances fortuites, l'autorité
militaire puisse assurer quand même la subsistance du soldat.

Les gens de guerre ont vécu longtemps des
ressources qu'ils trouvaient autour d'eux ; ce-
pendant, ce recours à l'habitant fut de bonne
heure en France l'objet d'une réglementation.

C'est ainsi que, en 1439, sous Charles VII, nous trouvons une défense faite de piller, voler ou détrousser les gens d'église, nobles et laboureurs ou autres, et l'ordre de payer ce qu'on aura été obligé de prendre.

En 1467, une ordonnance de Louis XI renouvelle ces prescriptions. Sous François Ier, des commissaires spéciaux sont désignés pour le service des réquisitions ; mais, néanmoins, on peut dire que les localités occupées par les troupes ne cessèrent d'être rançonnées et de payer en quelque sorte seules les frais de la guerre nationale ; aussi les efforts de l'administration centrale ont-ils été longtemps impuissants, et, plus tard Louvois, lui-même, eut toutes sortes de difficultés à vaincre pour déraciner les plus criants de ces abus et établir peu à peu l'ordre dans l'administration de l'armée.

Le progrès de la civilisation et les efforts de ce ministre finirent par triompher de ces coutumes, et, soit par entreprise, soit par gestion directe, soit par des systèmes mixtes, la subsistance du soldat, comme toutes les fournitures de l'armée, cessèrent peu à peu de peser exclusivement sur les villes de garnison ou les localités traversées.

Mais, en temps de guerre, on continua longtemps, même en pays ami, à recourir aux habitants. Seulement, dans ce dernier cas, on s'efforçait quelquefois, sinon d'indemniser, du moins de dédommager dans une certaine mesure les populations.

Depuis cette époque jusqu'à nos jours, nombre de lois et de décrets furent rendus à ce sujet ; mais on doit comprendre combien était confuse notre législation à cet égard et combien il était important d'arriver à une loi qui pût remplacer toutes ces anciennes dispositions.

Tel a été le but de la loi du 3 juillet 1877 et des différents décrets qui sont venus en régler l'application.

Cette loi a déterminé les conditions dans lesquelles s'exerce le droit de réquisition sur le territoire national, en cas de mobilisation partielle ou totale de l'armée ou de rassemblement de troupes: le décret du 2 août 1877, portant règlement d'administration publique, détermine les conditions d'exécution de la loi en ce qui concerne la désignation des autorités ayant qualité pour exercer ou ordonner des réquisitions, la forme de ces réquisitions et les limites dans lesquelles elles pourront être faites.

En cas de mobilisation totale ou partielle, ou de rassemblement de troupes, pour quelque cause que ce soit, le ministre de la guerre fixe l'époque où pourra commencer et celle où devra se terminer l'exercice du droit de réquisition, ainsi que les portions du territoire où ce droit pourra être exercé. Les arrêtés du ministre sont publiés dans toutes les communes intéressées.

En cas de mobilisation, la fourniture de toutes les prestations nécessaires à l'armée est exigible par voie de réquisition ; notamment :

Le logement et le cantonnement;

La nourriture journalière des officiers et de la troupe, conformément à l'usage du pays;

Les moyens d'attelage et de transport de toute nature y compris le personnel nécessaire;

Les bateaux ou embarcations qui se trouvent sur les fleuves et rivières, lacs et canaux.

Les moulins et les fours ;

Les matériaux, outils, machines et appareils nécessaires pour l'exécution de travaux militaires ;

Les guides, les messagers, ainsi que les ouvriers pour tous les travaux que les différents services peuvent avoir à exécuter ;

Le traitement des malades ou blessés chez l'habitant ;

Les objets d'habillement, d'équipement, de campement, de harnachement ; les médicaments et moyens de pansement, etc.

Ne sont pas considérées comme prestations disponibles ou comme fournitures susceptibles d'être réquisitionnées :

1° Les vivres destinés à l'alimentation d'une famille et ne dépassant pas sa consommation pendant trois jours :

2° Les grains ou autres denrées alimentaires qui se trouvent dans un établissement agricole, industriel ou autre ne dépassant pas la consommation de huit jours ;

3° Les fourrages qui se trouvent chez un cultivateur et ne dépassant pas la consommation de ses bestiaux pendant quinze jours.

Hors le cas de mobilisation, le droit de réquisition se réduit au logement et au cantonnement, aux vivres et fourrages nécessaires pour les besoins de l'armée.

Les moyens d'attelage et de transports, bateaux, etc., dont il a été question ci-dessus, ne peuvent être requis que pour une durée maximum de vingt-quatre heures.

Toute réquisition doit être adressée à la commune ; elle est notifiée au maire. Les ordres de réquisition sont détachés d'un carnet à souche qui est remis à cet effet entre les mains des officiers appelés à exercer les réquis tions. Il est toujours donné reçu des réquisitions ou prestations fournies. L'officier chargé de requérir doit immédiatement, après avoir accompli sa mission, remettre son carnet d'ordres de réquisitions à son chef de corps ou de service, qui le fait parvenir à la commission chargée du règlement des indemnités.

Nous ne nous étendrons pas davantage sur les prescriptions de la loi du 3 juillet 1877 et nous nous bornerons à ajouter que cette loi, étudiée, discutée et élaborée avec la compétence que donnait aux législateurs l'expérience des guerres récentes, semble devoir servir de base, sinon dans son application littérale, au moins dans son essence, puisque dans la guerre il faut toujours tenir compte du droit de nécessité, à la réglementation du régime des réquisitions en pays ennemi.

De la fin de la guerre.

La guerre, avons-nous dit, éclate lorsque, les règles du droit des gens en temps de paix étant méconnues, mal interprétées ou insuffisantes pour trancher les conflits qui s'élèvent entre les nations, les peuples n'ont plus d'autre moyen que de recourir à la lutte armée, pour savoir lequel d'entre eux, étant le plus fort, pourra, en raison de sa force, imposer sa volonté aux autres. Nous avons cherché à démontrer, en même temps, que la force dont la guerre consacre le succès, n'est pas purement matérielle; qu'elle représente la vitalité morale, physiologique des nations ; qu'elle n'est plus la résultante d'un ensemble de faits brutaux, mais bien de l'union intelligente de la force physique à la force morale, dont elle n'est même que la conséquence.

La guerre se termine donc quand ce droit du plus fort est consacré par les événements, c'est-à-dire par la victoire.

Suivant la manière dont elles sont engagées, les négociations faites en vue de la paix peuvent être classées dans une des trois catégories suivantes :

1° Les négociations ont lieu, sans intermédiaire, entre les deux adversaires ;

2° Elles sont présentées par une tierce puissance qui désire amener, par voie de conciliation, un rapprochement entre les États en guerre ;

3° Elles sont imposées par un ou plusieurs États.

Les conséquences de la guerre peuvent amener, en effet, un trouble dans la situation particulière des pays mêmes qui ne prennent pas part à la guerre et dans l'équilibre général des nations.

Ces États se trouvent donc, par cela même, en droit d'intervenir dans la lutte, et d'appuyer, au besoin, leur intervention par une démonstration militaire. C'est ce qu'on appelle la médiation armée.

Quelles que soient d'ailleurs les formes dans lesquelles les négociations en vue de la paix sont présentées, elles aboutissent généralement aux préliminaires de paix et à la cessation, du moins temporaire, des hostilités en vertu d'un armistice.

Les préliminaires de la paix, étant la conséquence du résultat du choc des deux armées,
sont établis d'après leurs forces relatives au
moment où ils sont entrepris; les négociations
n'ont donc d'autre objet que d'établir le droit du
plus fort et sont encore placées sous le régime
du droit des gens en temps de guerre. Dans le
traité, au contraire, qui est le premier acte de
la paix, les négociations sont déjà placées sous
le régime du droit des gens en temps de paix.

Il y a, dans chaque traité de paix, des clauses
générales qui sont communes à tous les traités
de paix et des clauses spéciales à ce traité; ces
dernières peuvent varier à l'infini.

Les clauses générales peuvent au contraire se
résumer dans les points suivants :

1º Abandon de la part du vaincu de tout ou
partie de ses prétentions;

2º Cessation absolue de toutes les opérations
de guerre et des actes qui s'y rapport nt;

3º Cessation des poursuites qui auraient été
dirigées contre les habitants des pays envahis
coupables de faits de guerre contre l'envahisseur;

4º Libération des prisonniers de guerre;

5º Evacuation immédiate ou progressive du
territoire envahi ou sa conquète.

L'occupation d'une partie du territoire du
vaincu est la plus ordinaire des garanties stipu-
lées pour l'exécution des traités de paix, notamment pour assurer le paiement intégral ou par-
tiel de l'indemnité de guerre réclamée par le
vainqueur. C'est ce que nous avons malheureu-
sement vu en 1871 et ce que nous voyons aujourd'hui à l'occasion de la guerre sino-japo-
naise.

Lorsque le traité de paix consacre la victoire par la mise en possession définitive entre les mains du vainqueur de tout ou partie du territoire envahi, il y a conquête. Si le traité donne au vainqueur la souveraine propriété d'un territoire non envahi, il y a simple cession; mais, dans le langage ordinaire, on confond généralement, sous la dénomination de conquête, tout accroissement du territoire national par suite de lutte armée.

Dans les siècles passés, et surtout dans les premières époques de l'histoire, la conquête était pour ainsi dire le seul but de la guerre.

Elle était presque toujours une nécessité; on peut dire qu'elle fut même alors une bienfaisante nécessité, car c'est par l'épée que la civilisation s'est étendue et affirmée.

Mais, par suite du développement de la civilisation et des facilités qu'elle a pour se répandre pacifiquement grâce aux puissants moyens actuels de communication, les conquêtes perdent chaque jour de leur caractère civilisateur et ont dès lors moins de raisons d'être.

En effet, une conquête qui n'est pas basée sur un droit fermement établi, une conquête qui s'opère sans le consentement collectif et librement exprimé des populations auxquelles on propose de changer de nationalité, devient promptement une charge redoutable pour le conquérant et ne tarde généralement pas à être la cause de luttes nouvelles.

Pour qu'une paix soit durable, il faut qu'elle soit honnête et juste; car, si elle est injuste, inhumaine, elle donnera certainement naissance à de nouveaux conflits.

Paris et Limoges. — Imp. milit. Henri CHARLES-LAVAUZELLE.